¡El N.° 1 recomendado por los profesores!

Summer Bridge ACTIVITIES®
PARA HISPANOHABLANTES

GRADOS EN TRANSICIÓN
2° a 3°

Carson Dellosa Education
Greensboro, North Carolina

Summer Bridge®
An imprint of Carson Dellosa Education
PO Box 35665
Greensboro, NC 27425 USA

978-1-4838-6529-4

Índice

Cómo aprovechar al máximo las *Summer Bridge Activities®* para Hispanohablantes

Este libro ayudará a tu hijo a repasar los conocimientos aprendidos en tercer grado y a anticiparse a las habilidades requeridas para el cuarto grado. En su interior encontrarás muchos recursos que animarán a tu hijo a practicar, aprender y crecer mientras se adelanta al nuevo año escolar.

Solo 15 minutos al día
... es todo lo que se necesita para mantenerse en forma con las actividades de aprendizaje de cada día de la semana ¡durante todo el verano!

Organización mes por mes

Tres secciones codificadas por colores corresponden a los tres meses de vacaciones de verano. Cada mes comienza con una actividad de establecimiento de objetivos y una actividad de refuerzo de vocabulario. También encontrarás una introducción a la sección de acondicionamiento físico y de desarrollo del carácter.

Actividades diarias

Proporcionamos dos páginas de actividades para cada día de la semana. Completarlas toma unos 15 minutos. Las actividades abarcan matemáticas, comprensión lectora, escritura, gramática y más.

Apartados especiales

ACONDICIONAMIENTO FÍSICO: Ejercicios rápidos para desarrollar la fuerza, la flexibilidad y la aptitud física.

PRUEBA DE CARÁCTER: Ideas para desarrollar la amabilidad, la honestidad, la tolerancia y más.

DATO: Datos curiosos.

Muchas características adicionales
... ¡se adaptan a las necesidades e intereses de tus hijos!

Actividades adicionales

Las actividades de estudios sociales exploran lugares, mapas y mucho más, y son el complemento perfecto para los viajes de verano. Los experimentos científicos invitan a tu hijo a interactuar con el mundo y a desarrollar el pensamiento crítico.

¡Vamos afuera!

Una colección de divertidas ideas para observar, explorar y aprender al aire libre, además de juegos para cada mes del verano.

Tarjetas de desarrollo de habilidades

Recorta las tarjetas que están en la parte posterior del libro. Guárdalas en una bolsa con cremallera o haz un agujero en cada una de ellas y ensártalas en una anilla. Lleva las tarjetas contigo para practicar sobre la marcha.

¡Dale esos cinco
... a tu hijo por un trabajo bien hecho!

Estrellas

Utiliza las calcomanías de estrellas que se encuentran en la parte posterior del libro. Coloca una en el espacio provisto al final de cada día de actividades cuando las páginas hayan sido completadas.

Reconocimiento y recompensas

Después de completar las actividades de aprendizaje durante toda una semana o un mes, ofrécele a tu hijo una recompensa. Puede ser un regalo especial, una salida o compartir tiempo juntos. Elogia a tu hijo por el progreso que ha hecho.

Certificado de finalización

Al terminar el verano, completa y presenta el certificado que aparece al final del libro. Felicita a tu hijo por haberse preparado para el siguiente año escolar.

Matriz de habilidades

Días 1–20 y ¡Páginas extra!

Día	Sumas	Álgebra	Desarrollo del carácter	División	Acondicionamiento físico	Fracciones	Geometría y medidas	Gramática	Gráficas y probabilidad	Lengua y literatura	Multiplicación	Números	Fonética	Resolución de problemas	Comprensión lectora	Ciencia	Estudios sociales	Restas	Tiempo y dinero	Vocabulario y ortografía	Escritura
1							★			★		★									
2		★			★								★						★		
3						★						★			★						
4	★											★	★								
5	★					★						★	★								
6								★				★			★						
7							★	★				★									★
8							★	★					★							★	
9	★						★						★					★		★	
10	★		★															★		★	
11													★	★						★	
12	★							★		★										★	
13									★	★					★						
14	★									★								★			★
15					★							★			★					★	
16							★						★	★							
17	★							★				★			★			★			
18	★																		★	★	★
19												★			★			★			
20	★							★		★								★			★
¡Páginas extra!				★				★		★					★	★	★			★	★

(En la fila de ¡Páginas extra! el texto "¡PÁGINAS EXTRA!" aparece impreso sobre las columnas centrales.)

Días 1–11

Día	Sumas	Álgebra	Desarrollo del carácter	División	Acondicionamiento físico	Fracciones	Geometría y medidas	Gramática	Gráficas y probabilidad	Lengua y literatura	Multiplicación	Números	Fonética	Resolución de problemas	Comprensión lectora	Ciencia	Estudios sociales	Restas	Tiempo y dinero	Vocabulario y ortografía	Escritura
1	★							★		★										★	
2								★							★			★			
3	★			★				★			★							★			
4						★	★	★		★											
5	★							★							★			★			★
6																			★	★	★
7						★													★	★	
8								★							★			★			
9			★					★			★							★			
10								★	★		★									★	
11								★							★			★			

Matriz de habilidades

Día	Sumas	Álgebra	Desarrollo del carácter	División	Acondicionamiento físico	Fracciones	Geometría y medidas	Gramática	Gráficas y probabilidad	Lengua y literatura	Multiplicación	Números	Fonética	Resolución de problemas	Comprensión lectora	Ciencia	Estudios sociales	Restas	Tiempo y dinero	Vocabulario y ortografía	Escritura
12								★				★							★		★
13					★			★						★	★						
14							★								★						★
15							★	★							★						★
16							★			★										★	
17							★			★					★						
18				★						★					★					★	
19								★		★											★
20							★								★						
¡PÁGINAS EXTRA!							★	★							★	★	★				
1							★	★							★						
2							★													★	★
3	★							★							★			★			
4					★		★			★											
5							★	★		★					★						
6										★	★				★						
7										★	★										
8								★		★	★										★
9			★					★		★					★						
10						★				★	★									★	
11				★						★	★				★						
12						★				★					★						
13			★							★					★						
14						★				★											★
15						★				★					★						
16						★				★									★		
17				★						★											★
18						★			★	★											★
19									★						★						★
20								★	★						★						
¡PÁGINAS EXTRA!	★		★												★	★	★	★			★

Lectura de verano para todos

La lectura es la habilidad más importante para el éxito escolar. Los expertos recomiendan que los estudiantes de segundo y tercer grado lean al menos 20 minutos cada día. Ayuda a tu hijo a elegir varios libros de esta lista según sus intereses (los libros sugeridos están en inglés, pero muchas bibliotecas podrían tener las versiones en español o libros similares). Dile que elija al menos un título de ficción (F) y otro de no ficción (NF). ¡A continuación, vayan a la biblioteca local para comenzar la aventura de la lectura!

Si te gustan los superhéroes...
Atomic Ace (He's Just My Dad)
   de Jeff Weigel (F)
Superhero Instruction Manual
   de Kristy Dempsey (F)

Si te gustan las historias sobre el pasado...
Hello Lighthouse
   de Sophie Blackall (NF)
Locomotive
   de Brian Floca (F)

Si te gustan los animales...
Fox the Tiger
   de Corey R. Tabor (F)
What Do They Do with All That Poo?
   de Jane Kurtz (NF)

Si te gustan las historias de aventuras...
Who Was Ernest Shackleton?
   de James Buckley Jr. (NF)
Freya and Zoose
   de Emily Butler (F)

Si te gustan las historias sobre las familias...
Drawn Together
   de Minh Le (F)
We Are Grateful: Otsaliheliga
   de Traci Sorell (NF)

Si te gusta leer sobre el espacio…

We're Not From Here
de Geoff Rodkey (F)

Rocket to the Moon: Big Ideas That Changed the World #1
de Don Brown (NF)

Si te gustan los relatos de misterio…

Baby Monkey, Private Eye
de Brian Selznick (F)

Tuff Fluff: The Case of Duckie's Missing Brain
de Scott Nash (F)

Si te gustan las historietas y las novelas gráficas…

Tiger vs. Nightmare
de Emily Tetri (F)

Elizabeth Blackwell: America's First Doctor
de Trina Robbins (NF)

Si te gusta la naturaleza y la ciencia…

The Sun Is Kind of a Big Deal
de Nick Seluk (NF)

Jada Jones #3: Sleepover Scientist
de Kelly Starling Lyons (F)

Si te gustan los deportes…

Kick It, Mo!
de David A. Adler (F)

Sisters and Champions: The True Story of Venus and Serena Williams
de Howard Byrant (NF)

Si te gustan los proyectos de manualidades…

The Cardboard Kingdom
de Chad Sell (F)

The Slime Book: All You Need to Know to Make the Perfect Slime
de DK Children (NF)

¡El aprendizaje de verano está en todas partes!

Encuentra oportunidades de aprendizaje a donde quiera que vayas, ¡durante todo el verano!

Lectura

- Prepara un lugar de lectura de verano con una almohada, un ventilador, notas adhesivas y un lugar para colocar una bebida fresca.
- Lee un artículo de no ficción en una revista o noticia y comparte la información con un amigo.

Lengua y literatura

- Escribe un boletín informativo para tus familiares o vecinos.
- Escribe una obra de teatro para que tus amigos la interpreten al aire libre.

Matemáticas

- Juega a las matemáticas en el auto. Suma los números de las placas automovilísticas, compara los precios de la gasolina o cuenta los vehículos de un determinado tipo.
- Haz un juego de mesa de matemáticas. Resuelve problemas matemáticos para avanzar y ganar.

Ciencia y estudios sociales

- Monta un museo en un porche o en un garaje. Incluye hojas, flores insectos, plumas, piedras y más. Escribe un cartel con datos sobre cada cosa. Invita a personas para que lo visiten.
- Aprende sobre las estrellas, la Vía Láctea, los meteoritos, la Luna y otras cosas del espacio. Coloca mantas bajo el cielo nocturno e invita a tus amigos. Enseña lo que aprendiste.
- Pasa tiempo con un abuelo u otra persona mayor. Enséñales un juego, una canción o un baile que te guste. Pídeles que te enseñen un juego, una canción o un baile de cuando ellos tenían tu edad.

Carácter y acondicionamiento físico

- Ve a un concierto, un festival o un desfile en un barrio diferente al tuyo. Cuenta a tus familiares cinco cosas que te hayan gustado de la experiencia.
- Aprende a utilizar una nueva habilidad física. Puede ser saltar la cuerda, lanzar una pelota de béisbol o incluso practicar un nuevo baile. Sigue intentándolo hasta que te sientas seguro.

Objetivos mensuales

Un objetivo es algo que quieres conseguir. A veces, alcanzar un objetivo puede ser difícil.

Piensa en tres objetivos que quieras cumplir este mes. Por ejemplo, tal vez quieras hacer ejercicio cada día durante 30 minutos. Escribe tus objetivos en las líneas y revísalas con un adulto.

Coloca una estrellita junto a cada objetivo que cumplas. Siéntete orgulloso de haber cumplido tus objetivos.

1. ____ COLOCA UNA ESTRELLA AQUÍ

2. ____ COLOCA UNA ESTRELLA AQUÍ

3. ____ COLOCA UNA ESTRELLA AQUÍ

Lista de palabras

En esta sección se utilizan las siguientes palabras. Es bueno que las conozcas. Lee cada palabra. Utiliza un diccionario para buscar todas las palabras que no conozcas. A continuación, escribe dos oraciones en inglés. Utiliza al menos una palabra de la lista de palabras en cada oración.

coast (costa)	*glide* (deslizarse)
crops (cultivos)	*history* (historia)
flexible (flexible)	*shadow* (sombra)
gentle (amable)	*tame* (domesticado, manso)
germs (gérmenes)	*vapor* (vapor)

1. ____

____

2. ____

____

Introducción a la flexibilidad

Esta sección incluye actividades de acondicionamiento físico y de desarrollo de un carácter flexibile. Estas actividades están diseñadas para mantenerte en movimiento y para hacerte pensar sobre tu condición física y el desarrollo de tu carácter. Si tienes una movilidad limitada, no dudes en modificar los ejercicios sugeridos para adaptarlos a tus capacidades individuales.

Flexibilidad física

Para muchas personas, ser flexible significa realizar fácilmente las tareas cotidianas, como agacharse para atarse un zapato. Estas tareas pueden ser difíciles para las personas que no se estiran a menudo.

Los estiramientos harán que tus músculos sean más flexibles. También puede mejorar tu equilibrio y coordinación.

Probablemente te estiras todos los días sin darte cuenta. ¿Alguna vez recoges un lápiz que se te cayó o sacas una caja de cereales del estante más alto? Si lo haces, te estás estirando. Intenta mejorar tu flexibilidad este verano. Fija un objetivo de estiramiento. Por ejemplo, puedes estirarte todos los días hasta que puedas tocarte los dedos de los pies.

Flexibilidad de carácter

Es bueno tener un cuerpo flexible pero también es necesario ser flexible mentalmente. Esto significa estar abierto al cambio.

Puede ser molesto cuando las cosas no salen como uno quiere. ¿Se te ocurre alguna ocasión en la que un imprevisto haya arruinado tus planes? Por ejemplo, una excursión familiar al zológico que fue cancelada porque el auto tenía una rueda pinchada.

Los acontecimientos inesperados ocurren a veces. La forma en que reaccionas a esos acontecimientos suele afectar al resultado. Ármate de herramientas para ser flexible. Ten expectativas realistas. Encuentra la manera de mejorar la situación. Busca las cosas buenas que puedan surgir de los eventos decepcionantes.

Puedes ser flexible mentalmente mostrando respeto a los demás. Compartir y tomar turnos también son formas de ser mentalmente flexible. Este rasgo de carácter se hace más fácil con la práctica. Durante el verano, practica y utiliza tu flexibilidad mental con frecuencia.

Encierra en un círculo el número correcto para cada *numeral* (number word).

1. cuarenta y cinco

   54   45

2. cincuenta y ocho

   58   85

3. ochocientos ochenta y uno

   881   81

4. treinta

   30   31

5. trescientos sesenta y dos

   662   362

6. novecientos doce

   921   912

Escribe el *numeral* (number word) correspondiente a cada número.

0: _________________________   20: _________________________   30: _________________________

40: _________________________   60: _________________________   80: _________________________

Sigue las instrucciones para dibujar las figuras.

7. Dibuja una figura que tenga tres lados y tres ángulos.

8. Dibuja una figura con seis lados iguales y seis esquinas.

9. Dibuja una figura que no tenga lados ni esquinas.

DÍA 1

Continúa cada patrón numérico en las líneas. A continuación, escribe cada regla.

10. 300, 400, 500, 600, _____ , _____ , _____ , _____

    Regla: _______________________________________

11. 10, 20, 30, 40, _____ , _____ , _____ , _____ , _____ , _____

    Regla: _______________________________________

12. 5, 10, 15, 20, _____ , _____ , _____ , _____ , _____ , _____

    Regla: _______________________________________

Combina cada par de oraciones utilizando la *conjunción* (conjunction) entre paréntesis ( ). En cada nueva oración, coloca una coma antes de la conjunción.

EJEMPLO: My grandma raises bees. She has only been stung once. (but)
              My grandma raises bees, but she has only been stung once.

13. Avery wanted to bike to the park. He got a flat tire. (but)

    ____

14. Mr. Greene coaches our soccer team. I think he does a great job. (and)

    ____

15. The fireworks lit up the night sky. Everyone cheered. (so)

    ____

16. Tanesha is moving to Illinois. Her family hasn't found a house yet. (but)

    ____

COLOCA UNA ESTRELLA AQUÍ.

Cuenta el dinero. Escribe cada cantidad.

1.
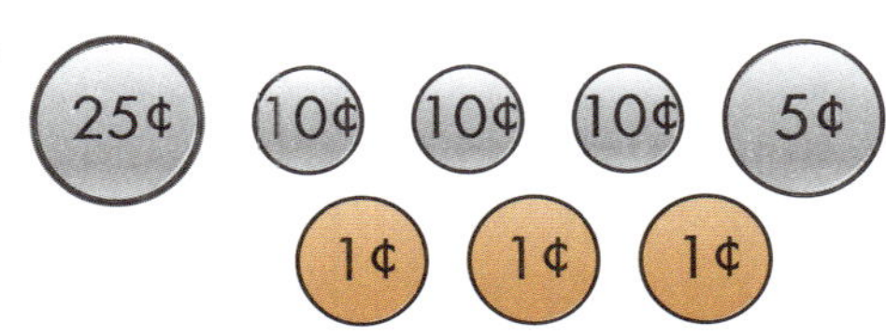
Nikki encontró una moneda de 25 centavos, 3 monedas de 10 centavos, una de 5 centavos y 3 monedas de 1 centavo debajo de su cama. ¿Cuánto dinero encontró?   ______ ¢

2.
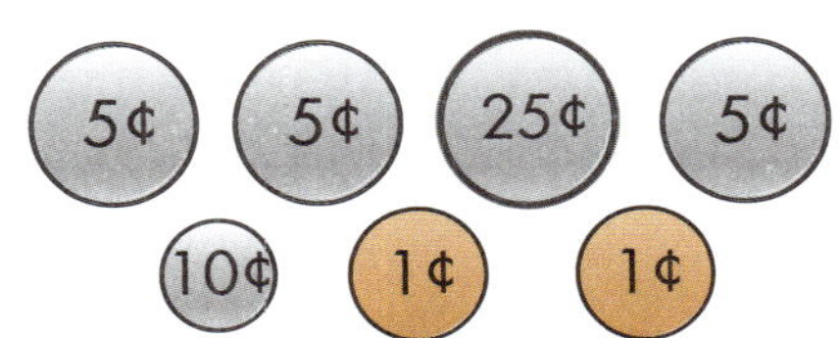
Mai-Lin compró un batido. El cajero le dio 3 monedas de 5 centavos, una de 25 centavos, una moneda de 10 centavos y 2 monedas de 1 centavo de cambio. ¿Cuánto cambio recibió?   ______ ¢

3.
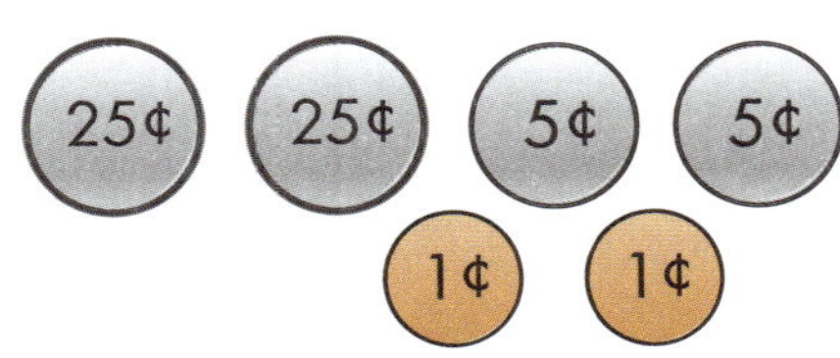
Jacob utilizó 2 monedas de 25 centavos, 2 de 5 centavos y 2 monedas de 1 centavo para comprar unas pegatinas. ¿Cuánto costaron?   ______ ¢

4.
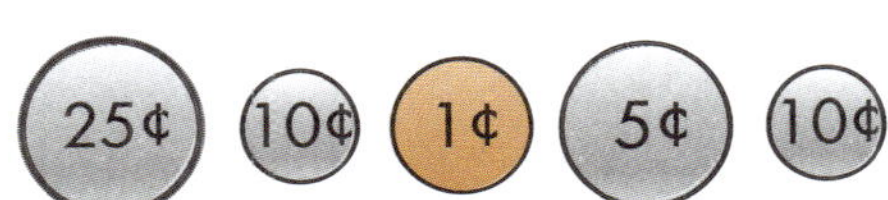
El hermano de Rita le pidió prestadas una moneda de 25 centavos, 2 monedas de 10 centavos, una de 5 centavos y una de 1 centavo. ¿Cuánto le pidió prestado?   ______ ¢

Escribe el número que represente el símbolo en cada ecuación.

5.  $+ 5 = 11$

     = ______

Verifica: $11 - 5 =$ ______

6. $5 - $ ★ $= 2$

★ = ______

Verifica: $5 - 2 =$ ______

7. ▮ $+ 6 = 14$

▮ = ______

Verifica: $14 - 6 =$ ______

8. $7 + $ ▲ $= 14$

▲ = ______

Verifica: $14 - 7 =$ ______

DÍA 2

Dibuja líneas para unir _sílabas_ (syllables) y formar palabras completas.

9.
pen	met
sun	cil
hel	on
drag	dae

10.
blos	som
rab	der
spi	bit
ti	ger

11.
car	en
pup	rot
can	py
sev	dy

12.
won	ry
sum	der
crick	mer
mar	et

13.
can	cus
pen	fin
muf	dle
cir	cil

14.
pea	dow
dol	lar
mit	ten
win	nut

Ponte de pie y estírate

Pon a prueba tu flexibilidad con este reto de estiramiento. Recuerda que debes estirarte lentamente. Se necesita práctica para mejorar la flexibilidad.

Ponte de pie y sujeta una regla con una mano. Dobla lentamente la cintura. Extiende la mano hacia abajo hasta que la punta de la regla toque el piso. Mira la regla para saber lo cerca que están tus manos de tocarlo. Si ya puedes tocarlo, intenta aplanar las manos contra el piso. Estira tres veces. Anota tu mejor intento. Realiza esta prueba cada semana y compara tus resultados.

* Ve la página ii.

COLOCA UNA ESTRELLA AQUÍ.

DÍA 3

Escribe el número que esté antes, entre o después de cada número o números.

Antes	Entre	Después
1. __________ 347	6. 213 __________ 215	11. 679 __________
2. __________ 528	7. 427 __________ 429	12. 721 __________
3. __________ 832	8. 399 __________ 401	13. 398 __________
4. __________ 731	9. 478 __________ 480	14. 599 __________
5. __________ 293	10. 871 __________ 873	15. 734 __________

Sigue las instrucciones para colorear las partes de las figuras.

16. Colorea una cuarta parte.

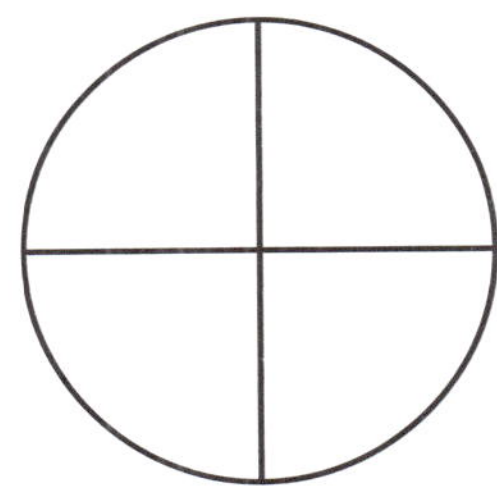

17. Colorea dos tercios.

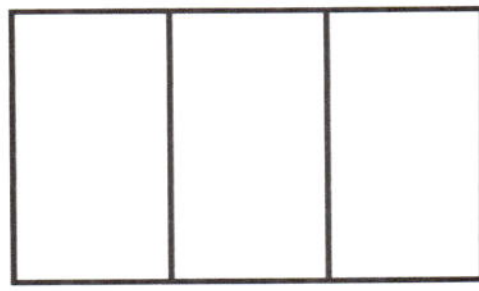

18. Colorea cuatro cuartos.

19. Colorea un tercio.

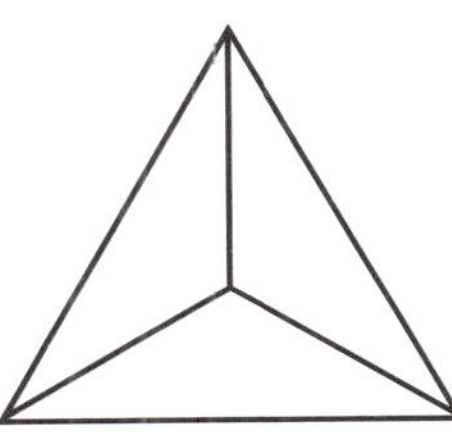

20. Colorea una mitad.

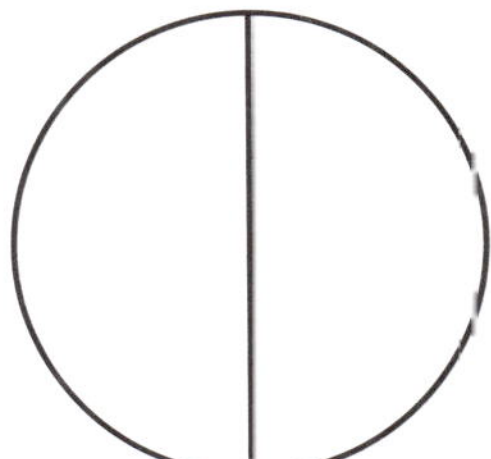

21. Colorea tres cuartos.

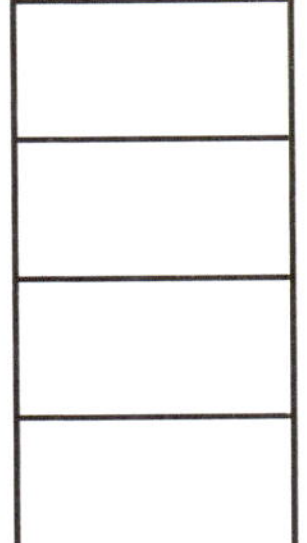

DÍA 3

Lee el párrafo. A continuación, responde las preguntas.

Helpful Insects and Arachnids

Some insects can destroy crops, such as fruits and vegetables, by eating them. Not all insects are bad, though. Some insects help people. Bees move pollen from flower to flower. This helps flowers make seeds so that there will be more flowers the next year. Bees also produce honey. Ladybugs are helpful insects, too. They eat the insects that chew on plants. Finally, spiders may look scary, but they are helpful. They are not insects. They are arachnids. They catch flies, crickets, and moths in their webs. If you find a spider in your home, ask an adult to help you carefully place it outside. It can do its job outdoors then.

22. What is the main idea of this passage?

    A.   Insects can destroy crops.

    B.   Ladybugs are beautiful.

    C.   Some insects and arachnids are helpful.

23. What was the author's purpose in writing this passage? ___________________

    ____

24. How do bees help flowers grow? _____________________________________

    ____

25. How are ladybugs helpful? ____

    ____

26. What are crops? What clues in the passage helped you find the answer?________

    ____

Escribe > *mayor que* (greater than) o < *menor que* (less than) para comparar cada pareja de números.

1. 2 ◯ 4

2. 64 ◯ 46

3. 322 ◯ 100

4. 19 ◯ 91

5. 29 ◯ 30

6. 985 ◯ 850

7. 14 ◯ 4

8. 124 ◯ 216

9. 648 ◯ 846

10. 9 ◯ 10

11. 592 ◯ 324

12. 745 ◯ 746

¿Cuántos hay en cada grupo? Escribe el número en la línea. A continuación, encierra en un círculo si el número es *impar* (odd) o *par* (even).

13.       

_______   impar   par

14. 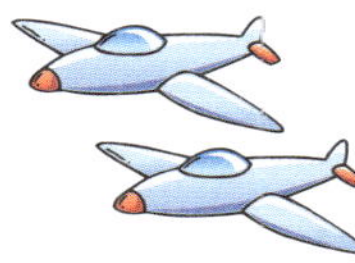 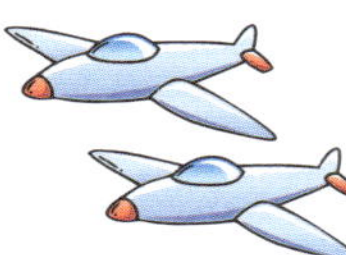   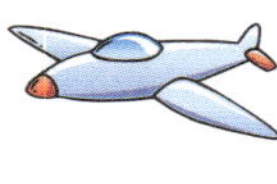

_______   impar   par

15.          

_______   impar   par

DÍA 4

Realiza las siguientes *adiciones* (sumas).
EJEMPLO:

	[1]				
	32	16. 28	17. 70	18. 44	19. 57
	24	14	26	40	36
	11	16	99	2	32
	+19	+ 4	+12	+38	+89
	86				

20. 81	21. 22	22. 67	23. 81	24. 74
12	34	41	28	15
38	9	45	8	33
+64	+19	+15	+ 8	+17

Lee cada palabra en voz alta. Escucha los sonidos de cada vocal. Si la palabra tiene un *sonido de vocal corto* (short vowel sound), escribe *S* en la línea. Si la palabra tiene un *sonido de vocal largo* (long vowel sound), escribe *L* en la línea.

EJEMPLO:

just   **S**   25. cape ______   26. clock ______

27. cute ______   28. bug ______   29. ship ______

30. nice ______   31. apple ______   32. goat ______

33. road ______   34. help ______   35. read ______

ACONDICIONAMIENTO FÍSICO:
Toca 10 veces los dedos de tus pies

* Ve la página ii.

COLOCA UNA ESTRELLA AQUÍ.

DÍA 5

Encuentra el *valor posicional* (place value) de cada dígito subrayado. Encierra la respuesta en un círculo.

EJEMPLO:

189	1. 290	2. 114
9 centenas	2 centenas	1 centena
9 decenas	2 decenas	1 decena
(9 unidades)	2 unidades	1 unidad
3. 634	4. 387	5. 109
3 centenas	3 centenas	0 centenas
3 decenas	3 decenas	0 decenas
3 unidades	3 unidades	0 unidades

6. **Dibuja líneas para dividir el círculo en cuatro partes iguales.**
   ¿Cómo se llama una de esas partes?

   ____

7. **Dibuja una línea para dividir el triángulo en dos partes iguales.**
   ¿Cómo se llama una de esas partes?

   ____

8. **Dibuja líneas para dividir el rectángulo en tres partes iguales.**
   ¿Cómo se llama una de esas partes?

   ____

DÍA 5

Sigue las instrucciones para resolver cada problema.

9. Empieza con 15. Escribe el número que sea 10 más. ___________________

10. Empieza con 22. Escribe el número que sea 100 más. ___________________

11. Empieza con 50. Escribe el número que sea 10 más. ___________________

12. Empieza con 335. Escribe el número que sea 100 más. ___________________

13. Empieza con 42. Escribe el número que sea 100 más. ___________________

14. Empieza con 89. Escribe el número que sea 10 más.___________________

Lee cada palabra en voz alta. A continuación, escribe *corto* (short) o *largo* (long) para cada sonido de vocal.

15. bug ___________________

16. cake ___________________

17. cut ___________________

18. gum ___________________

19. road ___________________

20. catch ___________________

21. cube ___________________

22. clock ___________________

23. stick ___________________

24. child ___________________

25. mop ___________________

26. these ___________________

27. street ___________________

28. log ___________________

29. fly ___________________

30. boat ___________________

PRUEBA DE CARÁCTER: Piensa en un personaje de un libro o una película que sea generoso. ¿Cómo muestra su generosidad?

COLOCA UNA ESTRELLA AQUÍ.

DÍA 6

Encierra el número en un círculo si:

1. El 6 aparece en el lugar de las centenas.

629	486	367
926	682	126
636	426	660

2. El 9 aparece en el lugar de las unidades.

879	429	609
191	509	194
889	469	209

3. El 3 aparece en el lugar de las decenas.

231	723	38
639	63	530
333	32	23

4. El 5 aparece en el lugar de las decenas.

354	151	555
185	250	658
50	725	255

5. El 4 aparece en el lugar de las centenas.

423	484	124
642	640	432
46	422	144

6. El 7 aparece en el lugar de las unidades.

327	147	607
678	478	447
799	997	207

Las palabras que nombran días festivos, lugares y productos son _sustantivos propios_ (proper nouns). Subraya el sustantivo o los sustantivos propios de cada oración.

7. Have you ever been to Austin, Texas?

8. Let's do a craft for Valentine's Day.

9. My grandmother lives in France.

10. We always buy Papa Pete's pizza when we have family game night.

11. Our neighbors moved here from Nashville, Tennessee.

12. I'd like a glass of orange juice and a bowl of Crunch Os for breakfast.

13. Are you going to wear green on St. Patrick's Day?

DÍA 6

Lee el pasaje. A continuación, responde las preguntas.

Railroads

Railroads have played an important part in history. For centuries, railroads have helped carry people and goods long distances. In the United States, travel was much harder before a railroad connected the eastern and western parts of the country. Workers in the eastern United States built a railroad heading west. A different crew in the west started building a railroad heading east. In 1869, the two lines met in the state of Utah. The crews hammered in a special golden nail to tie the two tracks together. After that, people could travel easily and quickly from one coast of the United States to the other! The next time you stop at a railroad crossing to let a train pass, think about how important railroads have been in history.

14. What is the main idea of this passage?

    A.   Railroads played an important part in history.

    B.   No one uses railroads today.

    C.   You have to stop to let trains go by.

15. What could people do once the railroad was completed? _______________________

    ____

16. Where did the two railroads begin?_____________________________________

    ____

17. What did the crews use to join the two tracks? _________________________

18. The author states that railroads have played an important part in history. Give two

    reasons from the text that support this point. _________________________

    ____

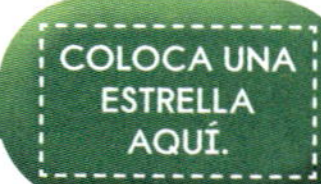

Busca seis libros diferentes. Mide la longitud de cada libro a la pulgada más cercana. Escribe las medidas abajo. A continuación, para cada libro, dibuja una X sobre su longitud en el gráfico de líneas.

Libro 1 ____________ pulgadas   Libro 4 ____________ pulgadas

Libro 2 ____________ pulgadas   Libro 5 ____________ pulgadas

Libro 3 ____________ pulgadas   Libro 6 ____________ pulgadas

Escribe cada *sustantivo propio* (proper noun) del banco de palabras en la columna correcta.

Memorial Day	Thanksgiving
Russia	Mexico City
Appalachian Mountains	Orchard Plus frozen fruit
Sparkling Bubbles body wash	St. Louis
Clarabelle's pies	Kwanzaa

Holidays   **Products**   **Places**

_________________   _________________   _________________

_________________   _________________   _________________

_________________   _________________   _________________

_________________   _________________   _________________

DÍA 7

Escribe cada número de forma expandida. Muestra el número como una suma de centenas, decenas y unidades.

EJEMPLO: 254   200 + 50 + 4

1. 528 _______ + _______ + _______

2. 130 _______ + _______ + _______

3. 689 _______ + _______ + _______

4. 421 _______ + _______ + _______

5. 708 _______ + _______ + _______

6. 567 _______ + _______ + _______

7. 963 _______ + _______ + _______

8. 806 _______ + _______ + _______

Piensa en tu día festivo favorito. Describe ese día utilizando cada uno de tus cinco sentidos. ¿Qué ves, oyes, sientes, hueles y saboreas? Puedes escribir en inglés o en español.

____

____

____

____

____

____

* Ve la página ii.

COLOCA UNA ESTRELLA AQUÍ.

Toma la medida de cada uno de los objetos que aparecen a continuación a la pulgada más cercana, y otra medida al centímetro más cercano. Escribe las medidas en las líneas.

1.

__________ pulgadas   __________ centímetros

2.

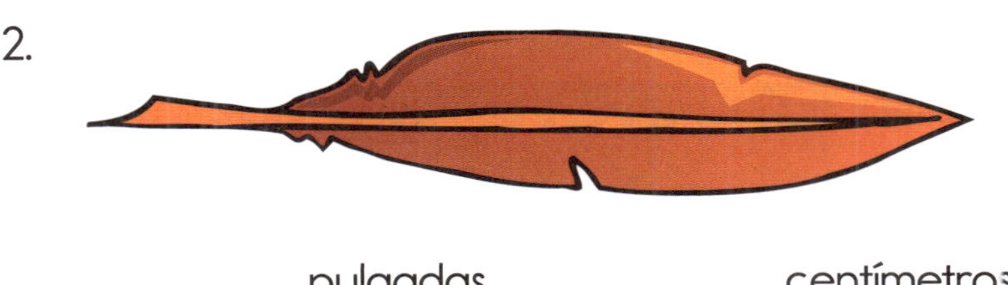

__________ pulgadas   __________ centímetros

3.

__________ pulgadas   __________ centímetros

Encierra en un círculo el *adverbio* (adverb) de cada oración. A continuación, subraya el verbo que modifique cada adverbio.

4.   The dogs barked loudly at the sound of the doorbell.

5.   I looked everywhere for my coat.

6.   Nancy swims faster than I do.

7.   Greg walked slowly up the driveway.

8.   Valerie awoke early on Saturday morning.

9.   Let's play outside in the front yard.

DÍA 8

Cuando se añade un *prefijo* (prefix) a una *palabra base* (base word), el significado de la palabra cambia. Encierra en un círculo el prefijo en cada palabra. A continuación, escribe la letra de la definición correcta junto a la palabra.

10. _______ reopen   A. to wrongly place

11. _______ unhappy   B. not happy

12. _______ misplace   C. to wrongly use

13. _______ unsure   D. to open again

14. _______ misuse   E. not sure

Observa cada palabra. Escribe cuántas vocales ves. A continuación, lee cada palabra en voz alta. Escribe cuántos *sonidos de vocal* (vowel sounds) oyes.

		Vocales	Sonidos de vocal			Vocales	Sonidos de vocal
15.	puzzle	_______	_______	23.	radio	_______	_______
16.	cookies	_______	_______	24.	carrot	_______	_______
17.	blocks	_______	_______	25.	sleep	_______	_______
18.	alphabet	_______	_______	26.	wanted	_______	_______
19.	goat	_______	_______	27.	heart	_______	_______
20.	jump	_______	_______	28.	useful	_______	_______
21.	pilot	_______	_______	29.	beautiful	_______	_______
22.	lion	_______	_______	30.	water	_______	_______

DATO: Las ranas pueden saltar más de 10 veces la longitud de su cuerpo.

COLOCA UNA ESTRELLA AQUÍ.

Escribe las *operaciones relacionadas* (related facts) con *cada familia de operaciones* (fact family).

1.

_____ + _____ = _____

_____ + _____ = _____

_____ − _____ = _____

_____ − _____ = _____

2.

_____ + _____ = _____

_____ + _____ = _____

_____ − _____ = _____

_____ − _____ = _____

3.

_____ + _____ = _____

_____ + _____ = _____

_____ − _____ = _____

_____ − _____ = _____

Dibuja líneas para dividir cada rectángulo en *filas* (rows) y *columnas* (columns). A continuación, cuenta cuántos cuadrados hay en cada rectángulo y escribe el número en la línea.

4. 3 filas

5 columnas

¿Cuántos cuadrados hay? _________

5. 4 filas

6 columnas

¿Cuántos cuadrados hay? _________

6. 2 filas

7 columnas

¿Cuántos cuadrados hay? _________

DÍA 9

Cuando se añade un *sufijo* (suffix) a una palabra base, el significado de la palabra cambiará. Añade *-less* o *-ness* a la palabra base en cada oración.

EJEMPLO:

The children were very ____rest**less**____ today.

7. The ____friendli____ of the people made us feel at home.

8. Trying to train my dog to roll over is ____hope____ .

9. The baby loves the ____soft____ of her blanket.

10. The ____loud____ of the noise made me jump.

11. Her ____happi____ showed on her face.

Lee cada palabra del banco de palabras. Si la y tiene el sonido de la *i larga*, como en *fly*, escribe la palabra debajo de fly. Si la y tiene el sonido de la *i larga*, como en *baby*, escribe la palabra debajo de baby.

| city | dry | eye | happy | sky | story |

fly

baby

____
____
____

____
____
____

ACONDICIONAMIENTO FÍSICO:
Haz 10 encogimientos de hombros.

* Ve la página ii.

Escribe el signo que falte (+, - o =) en cada *enunciado numérico* (number sentence).

1. 6 _____ 3 = 9

2. 12 _____ 6 = 6

3. 4 _____ 2 = 2

4. 4 + 3 _____ 7

5. 14 _____ 1 = 15

6. 12 _____ 2 = 10

7. 9 _____ 3 = 6

8. 14 _____ 4 = 10

9. 14 – 7 _____ 7

10. 4 _____ 1 = 3

11. 7 – 3 _____ 4

12. 3 _____ 3 = 6

13. 8 _____ 4 = 12

14. 9 _____ 2 = 11

15. 11 _____ 2 = 9

Escribe una ecuación de *suma* (addition equation) para encontrar el número total de artículos.
EJEMPLO:

5 + 5 + 5 + 5 = 20

16.

____

17.

____

18.

____

DÍA 10

Subraya la *palabra compuesta* (compound word) en cada oración. A continuación, traza una línea entre las dos partes de la palabra.

EJEMPLO:

Rebecca lives on a house|boat.

19. A raindrop hit the white rabbit on the nose.

20. Let's go visit the lighthouse.

21. Did you hear the doorbell ring?

22. The horses are in the barnyard.

23. I cleaned my bedroom this morning.

24. The snowflakes fell very quickly.

Primero la equidad

Todo el mundo quiere ser tratado con justicia. Ser justo significa tratar a los demás como quieres que te traten a ti. Piensa en una ocasión en la que te hayan tratado injustamente. ¿Cómo te sentiste? Lee las siguientes situaciones. En una hoja aparte, escribe lo que harías en cada situación.

* Tienes dos amigos que se quedan en tu casa después de una fiesta. Es la hora de la merienda y cada uno quiere una magdalena. Solo quedan dos magdalenas. ¿Qué harías tú?

* Tu hermana pequeña está aprendiendo a jugar a un nuevo juego de mesa. Te pide que juegues con ella. Mientras juegas, ves que da una carta extra. Esa carta te ayudará a ganar. ¿Qué harías?

PRUEBA DE CARÁCTER: Ayuda hoy a un amigo o familiar con alguna tarea, como doblar la ropa o sacar la basura.

COLOCA UNA ESTRELLA AQUÍ.

Resuelve cada problema.

1. Allison tenía 83 canicas. Perdió 20. ¿Cuántas canicas le quedan?

2. Liam tenía 66 manzanas. Regaló 42 manzanas. ¿Cuántas manzanas le quedan?

3. Shannon caminó durante 25 minutos. Lori caminó durante 38 minutos. ¿Cuántos minutos caminaron en total?

4. Nassim vio 18 cachorros. Joy vio 49 cachorros. ¿Cuántos cachorros en total vieron?

Algunas palabras similares pueden tener diferentes matices de significado. Subraya la palabra que mejor complete cada oración.

5. Levi eagerly (sipped, gulped) the cool water when he came home from his run.

6. The light bulb (shattered, broke) as it hit the floor.

7. "Please don't (gobble, nibble) the cherries so fast!" exclaimed Dad.

8. Sammy was (furious, mad) that his bike had been stolen.

9. Ada (pounded, tapped) on the door, hoping she wouldn't wake the baby.

DÍA 11

Lee cada oración. A continuación, escribe la letra de la definición de la palabra subrayada.
EJEMPLO:

__B__	The birds can <u>fly</u>.	A.	a small winged insect
__A__	The spider ate the <u>fly</u>.	B.	to move through the air

10. _______ Please turn on the <u>light</u>.   A.   a lamp

     _______ The box is <u>light</u>.   B.   not heavy

11. _______ <u>Store</u> the books on the shelf.   A.   a place to buy things

     _______ I bought a dress at the <u>store</u>.   B.   to put away for the future

12. _______ Drop a penny in the <u>well</u>.   A.   healthy

     _______ Are you feeling <u>well</u>?   B.   a hole to access underground water

Encierra en un círculo cada palabra que tenga el sonido /o͞o/, como en *tooth*. Dibuja una X en cada palabra que tenga el sonido /o͝o/, como en *hook*.

book	zoo	hoop	wool	cook
hood	soon	pool	scoop	cool
took	stool	food	brook	foot
moon	wood	moose	crook	goose
school	tool	boot	spoon	stood

DATO: Las tapas del alcantarillado son redondas para que no se caigan.

COLOCA UNA ESTRELLA AQUÍ.

Traza una línea para unir los problemas que tengan la misma suma.
EJEMPLO:

10 + 3

1. 5 + 6
2. 8 + 4
3. 9 + 7
4. 4 + 5
5. 6 + 4
6. 6 + 9
7. 9 + 8
8. 6 + 0
9. 9 + 9
10. 7 + 7

A. 9 + 2
B. 8 + 8
C. 8 + 5
D. 3 + 6
E. 3 + 7
F. 4 + 2
G. 5 + 13
H. 5 + 9
I. 3 + 9
J. 7 + 8
K. 14 + 3

Cambia la *ortografía* (spelling) de cada palabra subrayada para hacerla plural. Utiliza el banco de palabras si necesitas ayuda.

feet
geese
knives
leaves
men
mice
teeth

11. more than one <u>man</u> _______________

12. more than one <u>tooth</u> _______________

13. more than one <u>leaf</u> _______________

14. more than one <u>goose</u> _______________

15. more than one <u>knife</u> _______________

16. more than one <u>mouse</u> _______________

17. more than one <u>foot</u> _______________

DÍA 12

Escribe cada palabra del banco de palabras bajo el título correcto.

shirt	pliers	socks	screwdriver	elephant	bear
saw	pants	hammer	fox	deer	hat

Animals (animales)   **Tools (herramientas)**   **Clothing (ropa)**

_______________   _______________   _______________

_______________   _______________   _______________

_______________   _______________   _______________

_______________   _______________   _______________

Los *sustantivos colectivos* (collective nouns) nombran grupos de personas, animales o cosas. Elige un sustantivo colectivo del recuadro para completar cada oración.

school	swarm	fleet	bouquet	colony

18. Sophie found a ___________________________ of ants under the rock.

19. A ___________________________ of ships sailed into the harbor.

20. A ___________________________ of bees flew out of the hive.

21. Vijay picked a ___________________________ of flowers for Mom's birthday.

22. Mia saw a ___________________________ of fish swim past the canoe.

ACONDICIONAMIENTO FÍSICO:
Practica abdominales en "V". Estira cinco veces.

* Ve la página ii.

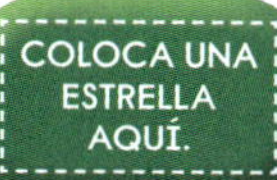

Estudia la gráfica de barras. A continuación, responde cada pregunta.

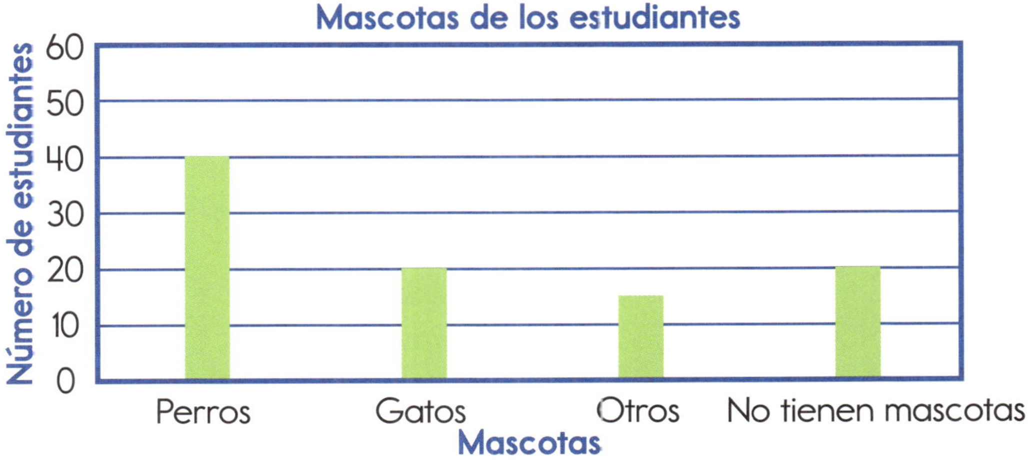

1. ¿Cuántos estudiantes tienen perros?

   ____

2. ¿Cuántos estudiantes más tienen perros que gatos?

   ____

3. ¿Cuáles son las dos categorías que tienen la misma cantidad?

   ____

4. ¿Cuántos estudiantes tienen un gato o un perro?

   ____

A un *sustantivo posesivo* (possesive noun) de cada oración le falta un *apóstrofo* (apostrophe). Añade un apóstrofo así: Charlotte's kitty.

5. Taylors mask scared her little brother.

6. All of a sudden, the computers screen went blank.

7. Digbys collar is getting too small.

8. Did you see the piñata at Anas birthday party?

9. Moms new sweater looks very cozy.

DÍA 13

Lee el párrafo. A continuación, responde las preguntas.

Washing Your Hands

Your family and teachers have probably told you many times to wash your hands. You should use warm water and soap. Rub your hands together for as long as it takes to sing the alphabet. Then, sing the song again while you rinse your hands. Soap washes off the **germs**, which are tiny cells that can make you sick. If you do not wash your hands, you can pass a sickness to a friend. Also, you could spread the germs to your eyes or mouth if you touch them before washing your hands. Always remember to wash your hands!

10. What is the main idea of this passage?

    A.   Cells can make you sick.

    B.   Rub your hands together.

    C.   You should wash your hands.

11. How long should you rub your hands together?______________________

    ____

12. What does soap do? ____

    ____

13. What does the word *germs* mean?

    A.   kinds of soap

    B.   tiny cells that can make you sick

    C.   ways to wash your hands

14. What could happen if you do not wash your hands? _______________

    ____

Suma y resta. Reagrupa cuando sea necesario.

1.	635	2.	987	3.	457	4.	108	5.	852
	$+123$		-388		$+394$		$+212$		-336

6.	754	7.	808	8.	552	9.	401	10.	1000
	-288		$+\ 96$		-381		$+599$		$-\ 999$

Utiliza la *línea numérica* (number line) para ayudarte a resolver cada problema. Marca la línea numérica para mostrar tu trabajo.

11. $60 + 35 =$ _________

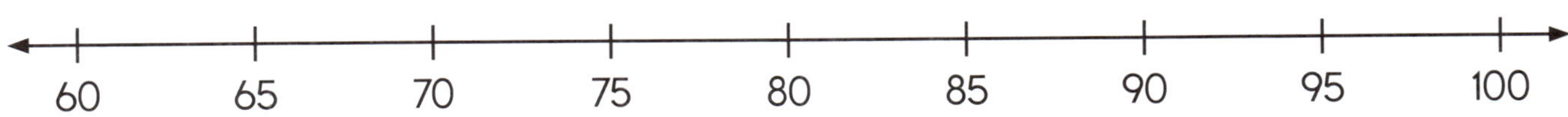

12. $22 + 14 =$ _________

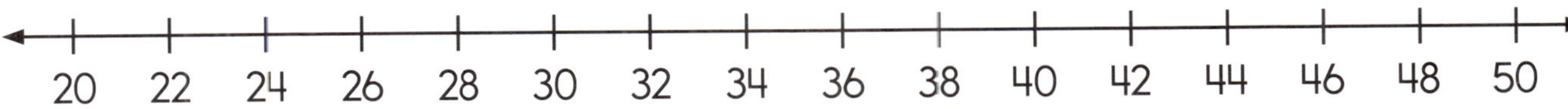

13. $100 - 30 =$ _________

14. $85 - 20 =$ _________

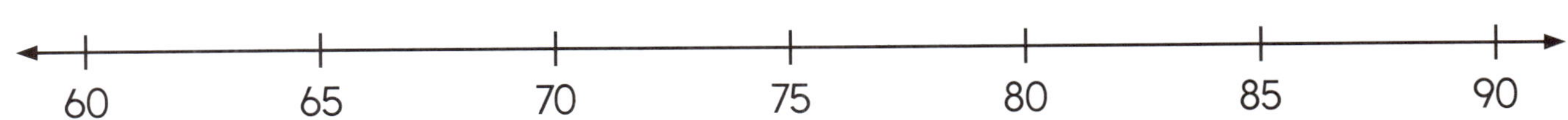

DÍA 14

Lee las parejas de oraciones. Escribe una X al lado de la oración que ocurra primero.

15. _______ I planted seeds.

    _______ The flowers grew.

16. _______ Luke started his car.

    _______ Luke drove his car.

17. _______ I put on my shoes.

    _______ I put on my socks.

18. _______ We built a snowman.

    _______ Our snowman melted.

19. _______ I brushed my teeth.

    _______ I put toothpaste on
    my toothbrush.

20. _______ I climbed into bed.

    _______ I fell asleep.

Si fueras a una isla desierta y solo pudieras llevarte tres cosas, ¿cuáles serían? ¿Por qué? Procura escribir en inglés.

____

____

____

____

____

____

ACONDICIONAMIENTO FÍSICO:
Toca 10 veces los dedos de tus pies

* Ve la página ii.

COLOCA UNA ESTRELLA AQUÍ.

Guía del usuario de la Mochila Esencial para la Pausa del Verano

RELÁJATE

★ y lee ★

Summer Bridge ACTIVITIES®

¡Prevén las pérdidas de conocimiento veraniegas con solo 15 minutos diarios!

De acuerdo con estudios, en el verano hay alrededor de **2 meses de pérdidas de conocimientos,** y las mayores tienen lugar en las áreas de **matemáticas y ortografía.**

97% **de los maestros** dicen que es importante que los estudiantes, durante el verano, **practiquen lo que aprendieron en la escuela.**

92% **de los maestros** concuerdan en que los estudiantes tendrán más éxito a largo plazo **si durante el verano siguen aprendiendo de alguna u otra manera.**

89% de los padres de familia planean que sus hijos continúen aprendiendo de maneras alternativas durante el verano.

9 de cada 10 padres de familia dicen que si hubieran sabido que sus hijos iban a perder conocimientos durante el verano, **habrían intentado evitarlo.**

84% **de los padres de familia** afirman que si sus hijos **siguen aprendiendo de alguna manera durante el verano,** tendrán más éxito a largo plazo.

Fuentes:
1. Encuesta de Aprendizaje Veraniego de Carson Dellosa Education, diciembre de 2017.
2. De acuerdo con estudios, en el verano hay alrededor de 2 meses de pérdidas de conocimientos, y las mayores tienen lugar en las áreas de matemáticas y ortografía. (http://archive.education.jhu.edu/PD/newhorizons/Journals/spring2010/why-summer-learning/index.html).
3. Las pérdidas de conocimientos del verano se acumulan: los niños que incurren en ellas normalmente no logran ponerse al corriente durante el otoño. Mientras sus compañeros adquieren más habilidades, ellos se ponen al corriente con lo perdido durante el verano. Para el final del 6° grado, los niños que perdieron conocimientos durante los veranos se encuentran en promedio con 2 años de retraso con respecto a sus compañeros. (http://www.brighthubeducation.com/summer-learning-activities-ideas/78894-how-reading-prevents-summer-learning-loss/).
4. Para el 9° grado, las pérdidas de conocimiento del verano pueden ser las responsables de alrededor de dos terceras partes de la brecha de logros. (http://www.time.com/time/magazine/article/0,9171,2005863,00.html).
5. Los maestros pasan en promedio de 4 a 6 semanas enseñando de nuevo temas que los estudiantes olvidaron durante el verano (Ron Fairchild, Director ejecutivo del Instituto para el Aprendizaje de Verano del Hospital Johns Hopkins: http://www.whatkidscando.org/archives/ whatslearned/WhatIfSummerLearning.pdf).